DEBUT D'UNE SERIE DE DOCUMENTS
EN COULEUR

LES MÉMOIRES

DU PRISONNIER

MAX RÉGIS

Recueillis par son Ami

LOUIS GARDAIS

10 CENTIMES

MUSTAPHA
IMPRIMERIE SPÉCIALE DU « NOUVEL ANTIJUIF »
34, Boulevard Bon-Accueil, 34

1899

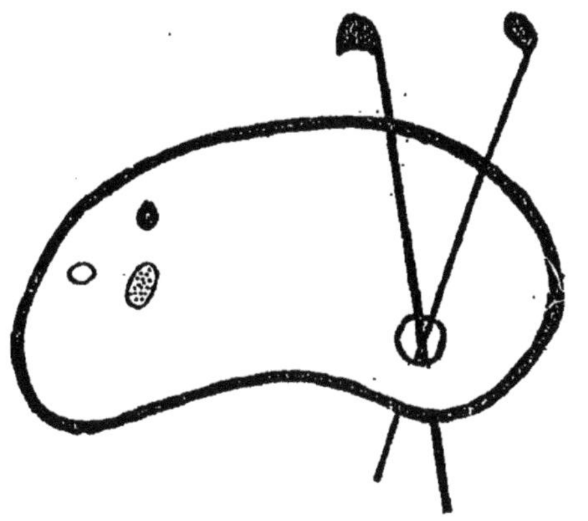

FIN D'UNE SERIE DE DOCUMENTS
EN COULEUR

LES MÉMOIRES

DU PRISONNIER

MAX RÉGIS

RECUEILLIS PAR SON AMI

LOUIS GARDAIS

SIMPLE AVANT-PROPOS

J'aurais voulu faire précéder ces feuillets émouvants, adressés à nos amis, de commentaires que mon inaltérable dévouement pour Max et l'intérêt de la Cause antijuive me dictaient.

Mais l'ignoble condamnation dont on a frappé Régis ; les poursuites dont nos camarades sont à chaque instant menacés, ne nous laissent guère de répit. Les jours s'enfuient, et la lutte s'impose, plus ardente que jamais !.....................................
....

La tranquilité dont Max jouit forcément aujourd'hui, grâce à la sollicitude du Gouvernement, lui a permis de noter ses impressions sur des feuilles volantes que le vent nous a apportées.

Ceux qui les liront y verront le mépris que lui inspirent nos grotesques potentats et les rigueurs dont ils abusent à son égard.

Toujours et plus que jamais, Max a foi en sa cause qui est la nôtre : celle de l'Algérie !

Un jour arrivera où la Justice du Peuple (qui ne se vend pas) précipitera à leur tour, dans des cachots aussi humides que le sien, ceux dont la répugnante consigne est, à n'en point douter, la destruction des libertés algériennes.

Peut-être, ce jour-là, jugerons-nous les cachots insuffisants et emploierons-nous des moyens plus expéditifs.

C'est l'espoir de tous les antijuifs.

A bas les juifs !

LOUIS GARDAIS.

CHAPITRE 1er

Un Gouverneur

Du fond de ma cellule, cachée derrière les murs de la forteresse de Sidi-Ferruch, je pense et me souviens...........................

Quand la population algérienne, dans un élan superbe d'indignation et de révolte, se débarrassa des misérables politiciens qui l'oppressaient (Lépine et Granet), nous espérâmes tous que nos légitimes colères seraient enfin comprises et que le nouveau Gouverneur général de l'Algérie se ferait — sinon de cœur, tout au moins par saine tactique — l'ami de cette vaillante et énergique population. Cela était tout indiqué, non seulement à la conscience d'un honnête homme, mais aussi à *l'esprit* d'un haut fonctionnaire.

J'avais, à Paris, conté au ministre Lockroy, toutes les atrocités commises par Lépine. Je m'étais efforcé de lui expliquer la nécessité d'avoir, pour gouverner l'Algérie, un administrateur réellement soucieux de notre prospérité coloniale. Et je m'étais employé à faire comprendre le danger qu'il y avait à nous affliger d'un gouverneur dont la consigne serait diamétralement opposée aux aspirations — du Pays.

Lockroy, qui semblait me comprendre, m'avait promis beaucoup. Mais les ministres ne sont pas obligés de tenir leurs promesses.... tout comme les gouverneurs !

Sans qu'aucun ne puisse se douter du choix gouvernemental, on alla chercher au Conseil d'Etat un homme justement tombé depuis longtemps dans l'oubli, qui ne connaissait notre colonie que par les informations et articles erronés des journaux dreyfusards et antialgériens auxquels il collaborait.

Nous autres, Algériens, savions que Laferrière, le nouveau promu, avait réussi à sauver les Bertagna du déshonneur alors qu'il vice-présidait au Conseil d'Etat ; nous connaissions les liens d'amitié qui l'attachaient au juif Thomson et au judaïsant Etienne. Ce n'était pas là, il me semble, des titres suffisants à l'obtention du Gouvernement général de l'Algérie.

On nous avait dit que *La France juive* de Drumont parlait de Laferrière. Nous avons consulté ce livre dont les prévisions se sont toujours réalisées, et, à la page 345, nous avons lu, avec émotion, une lettre d'une malheureuse jeune fille adressée au procureur de la République de Paris. Cette personne avait été là maîtresse de Laferrière et celui-ci, pour s'en débarrasser, n'avait trouvé rien de mieux que de faire enfoncer les portes de son appartement, de faire voler ses papiers intimes et finalement d'user de son influence pour la faire expulser. *On peut voir par là que Laferrière avait la manie de l'expulsion bien avant de venir en Algérie.*

Ce cambriolage à la Constans le distingua aux yeux de ce dernier qui ne cessa de le favoriser de sa protection, bien qu'il n'appartint pas à son parti politique. Le parti de Laferrière, en effet, était celui de Brisson, un des grands chefs de la Maçonnerie (société politique et religieuse dans laquelle notre Gouverneur occupe un rang élevé).

Brisson, alors président du Conseil des Ministres, jetant les yeux sur ce « vénérable frère » le bombarda Gouverneur général de l'Algérie, sans se préoccuper de savoir s'il était apte à en remplir les fonctions. C'était un siège et un siège important de plus, livré à la Maçonnerie. C'est tout ce que Brisson recherchait.

J'ai su, depuis, que Laferrière passait pour un alcoolique et que son mariage lui avait fermé les portes de la bonne société parisienne.

Mes amis Drumont et Morinaud protestèrent contre ce choix; l'un par un article indigné et merveilleusement documenté et l'autre par des dépêches que j'ai toujours en ma possession. Quant à Marchal il ne souffla mot. Complaisamment, il interviewa le Gouverneur, fit dire par le *Télégramme* que c'était un homme *juste*, et petit à petit, ce journal entonna les louanges de ce nouveau Messie et, par contre, commença à salir lâchement mes amis et moi.

Cette trahison ne surprit personne. Des gens comme Laurens et Moussat, sortis des synagogues, ne pouvaient que retourner tôt ou tard aux synagogues. Et dès lors ce journal qui avait quelque temps vécu de la popularité de notre parti, dut se contenter de la clientèle juive.

A ce moment, le valet de chambre Martin, agissant pour le compte de Laferrière, tenta de m'acheter. Cette tentative de corruption aura prochainement, je l'espère, son dénouement devant les Assises.

Cependant, le *Télégramme* qui, avec Marchal, avait livré sa marchandise, ne parvenait pas à satisfaire les exigences du Gouverneur qui voulait la division du parti antijuif pour l'anéantir plus facilement.

On tenta alors de séduire Morinaud. Mais le député de Constantine, âme fière et honnête, fit la sourde oreille à toute proposition. On surprit néanmoins sa bonne foi, le sachant soucieux avant tout des intérêts de ses électeurs, la plupart victimes des intrigues thomsonniennes où sous thomsonniennes. Il fallait leur accorder des satisfactions. Or, Morinaud était trop franc et trop loyal pour mentir à ses promesses. Laferrière lui accorda ce qu'il voulut et c'est ainsi qu'il en arriva à célébrer, de très bonne foi, les fausses vertus de ce Gouverneur de la juiverie.

Je me suis toujours demandé comment Laferrière pouvait être à la fois l'ami de Thomson et de Morinaud. C'est un problème que pourtant l'hypocrisie du Gouverneur a failli résoudre.

A ce moment intervint Gérente. Dreyfusard sectaire, enrôlé sous la bannière de Brisson, chef du dreyfusisme, ce pasteur méthodiste était tout indiqué pour jouer auprès de Laferrière le rôle de *conseilleur*. Esprit très pratique, se défiant des retournements de veste du *Télégramme*, pour plus de sécurité, il acheta ce journal qui devint bientôt, sous sa direction, l'organe des mouchards.

CHAPITRE II

"Le Télégramme" — Menées du Gouverneur

Depuis que le sénateur anti-algérien Gérente exploite le *Télégramme*, ce journal ne cesse de dénoncer au Parquet ou au Gouvernement ceux de ses confrères qui ne pensent pas comme lui. Triste besogne, mais dont il s'acquitte fort bien !

D'abord ce fut l'affaire Arganaud, dont il m'accusa, par ordre, d'être l'assassin. Pour cela il réclama mon arrestation. Puis ce furent des accusations d'agitateurs et de séparatistes portées contre moi et mes amis, cela à la veille de ma comparution devant le jury de Grenoble, afin de me faire condamner plus sûrement.

Petit à petit cette feuille devint réellement l'auxiliaire de la police secrète. Avec le sénateur Gérente elle fit campagne contre l'amnistie.

On put lire dans ses colonnes : « Un tel, ou une telle a crié *A bas Laferrière !* et on ne l'arrête pas ?»

Grâce à ces dénonciations la police avait de la besogne ; aussi les arrestations allaient-elles bon train !

Si les rédacteurs de ce journal n'avaient point été des lâches, sans doute aurais-je pu en supprimer quelques-uns, mais la frousse intense qu'ils ont de mon épée, m'a empêché de commettre une bonne action.

Toujours continuant sa triste besogne politique, Laferrière fit venir auprès de lui un homme qu'aucun député ne tolèrerait dans sa circonscription : Lutaud, dont la réputation malhonnête s'était confirmée dans la Sarthe et en Corse.

Ce préfet débarqua un jour au son des sifflets, escorté de son frère. Tous deux s'installèrent à la préfecture et s'apprêtèrent à justifier leur crapuleuse renommée dont ils se vantent du reste.

Fraudes électorales, assassinats, rien ne leur semblait impossible ni ne les répugnait. Et le très honorable et très éloquant Provost de Launay a pu affirmer, en connaissance de cause, que *les Lutaud étaient capables de tout !* J'ai même entendu souhaiter, par plusieurs députés, que les Algériens les fassent enfin disparaître.

Malgré le magnifique discours de Firmin Faure qui voulait soustraire Alger à l'humiliation de l'autorité de tels bandits, le gouvernement rotschildien eut la satisfaction de voir son choix approuvé par le Palais-Bourbeux.

Lutaud, le préfet à l'œil crevé, disait dans les couloirs de la Chambre à mon ami Clergé : « Sûr de l'appui de Marchal et du Gouverneur, j'aurai raison des antisémites ».

Peu après, M. Berseville, homme juste et équitable, fut sacrifié, sur les dénonciations du *Télégramme* et remplacé par un individu manifestement dreyfusard : j'ai nommé Delaunay.

C'était donc le règne du dreyfusisme en Algérie : Laferrière, Peyremoff (correspondant de *La Fronde*), Martin (collaborateur à *La Paix*), Gérente, Delaunay, Sabatier (rédacteur à *La Paix*) et Desclaux (correspondant du *Temps*).

J'assistai, la rage dans le cœur, à toutes ces infâmies perpétrées contre mon Pays, et la tentation de devenir un assassin me serait venue si je n'espérais pas en la cause antijuive. Pourtant, grâce à ma persistance, je parvins à déjouer le complot Laferrière-Gérente, et je vis, avec un indéfinissable plaisir, mon ami Morinaud exécuter Gérente, avec sa vigueur habituelle.

Malgré ses promesses menteuses, Laferrière était désormais démasqué. Ma satisfaction commençait. Elle sera complète lorsque, démonétisé et flétri, le Gouverneur actuel fuira comme Lépine, sous les malédictions des honnêtes gens d'Algérie.

CHAPITRE III

Monte-Carlo — Premières poursuites — Bône

Ma liberté gênait considérablement Laferrière. Mon arrestation semblait à chaque instant imminente, tant était grand, pour cet homme, le désir de mon incarcération.

A Monte-Carlo, où je m'étais réfugié pour échapper aux menottes des gendarmes, j'appris que Laferrière complotait mon arrestation. M. Gragnon, ancien préfet de police et M. Turquet, ancien ministre, que je voyais fréquemment, m'avertirent d'avoir à me méfier. En effet, un jour que je revenais de Vintimille, en voiture, avec Philippi, condamné comme moi, nous rencontrâmes deux gendarmes dont l'ordre — nous le sûmes depuis — était de nous arrêter en gare de Menton. Flairant un piège, nous changeâmes de voiture et de coiffure et nous rentrâmes à Monte-Carlo, au grand trot, sans nous arrêter à Menton où nous devions prendre le train.

J'ai su par la suite que le Gouvernement, changeant de tactique, avait décidé de ne m'arrêter qu'en Algérie. Rochefort, avec lequel je dinai un soir, m'en donna la pleine assurance, et n'ayant aucune raison de rester davantage en exil, je pris congé de Madame Rochefort et de l'illustre pamphlétaire qui avaient été pour moi pleins de prévenance et de sollicitude. Je m'embarquai donc pour l'Algérie et accompagné de Blois, venu à ma rencontre, je rentrai par Philippeville à Bône, où m'avait convié la population antijuive.

Malgré les tentatives d'assassinat dirigées contre mon ami Edouard Blois, Président de la Ligue antijuive bônoise et moi, nous arrivâmes sains et saufs à Bône où je reçus, une fois de plus, les manifestations de sympathie de tout un Peuple qui lutte pour ses libertés.

On m'avait appelé pour détruire l'esclavage dans lequel avaient plongé Bône, quelques canailles fraîchement venues de la Calabre et soutenues par une bande d'étrangers, chevaliers de la rapine et du couteau.

Ce voyage sera une des plus émotionnantes périodes de mon existence. Dans cette villa, particulièrement menacée, j'entendis des cris d'indignation et de révolte dont la sincérité indubitable m'a fait comprendre que nos efforts devaient surtout soutenir les patriotes antijuifs de cette région particulièrement accablée.

Je me souviendrai toujours de ceux qui n'hésitèrent pas à m'apporter leurs encouragements ainsi que des fleurs qui m'ont suffisamment vengé des coups de stylet, d'ailleurs mal lancés, que les Bertagna me destinaient. Les ouvriers du Bône-Guelma prirent sur leur maigre salaire de quoi m'offrir une superbe épée d'honneur qui, je l'espère, me fera faire de la bonne besogne. Les femmes, risquant les brutalités policières, parvinrent jusqu'à moi pour m'exhorter à la lutte ; les enfants se mêlèrent aux femmes. Ce fut un spectacle spontané que je n'oublierai de ma vie.

Ne faiblissez pas, vaillante population de Bône ! Quelques-uns de mes amis généreux iront vous aider à vous débarrasser de ceux qui vous terrorisent !

Rasteil, qui lutte depuis dix années, verra ainsi le triomphe qu'il a péniblement préparé, et Blois, mon compagnon de lutte, s'associera enfin à ces chants, précurseurs de la victoire pour laquelle il expose chaque jour sa vie et sa liberté.

CHAPITRE IV

Mon arrestation. — Le Préfet Lutaud

Mon arrivée à Alger me prouva que le Peuple ne m'avait jamais abandonné. On détela ma voiture et je fus encore couvert de fleurs. J'eus, malgré les excitations homicides des Bertagna, la joie de fou-

ler encore une fois le sol d'une ville que j'aime, par dessus tout parce qu'elle a été le berceau de l'Idée antijuive. Dix mille citoyens clamant leur colère, dans une ville où le Gouverneur espérait recevoir un cadavre ou un prisonnier, m'ont prouvé leur attachement à la Cause.

Le lendemain de mon arrivée, après avoir reçu chez moi de nombreuses délégations chargées de palmes et de bouquets, j'organisai la lutte, plus active, afin de purifier l'Algérie des ordures dreyfusardes que le misérable Laferrière, fidèle larbin de Brisson, déversait sur notre malheureux Pays.

Dans un meeting où nous étions dix mille, je constatai que les pénibles mais cependant beaux jours de l'antisémitisme n'avaient pas disparu ; à l'unanimité, le rappel de Laferrière fut réclamé et, satisfait de l'attachement que montraient pour moi, une fois de plus, les Antijuifs, je quittai le Vélodrome réconforté par les acclamations de la foule dont je sentais l'âme vibrer à l'unisson de la mienne.

Le neuf au matin, alors que mon discours de la veille ne pouvait donner lieu à aucune mesure de répression légale violente, le Gouverneur général me faisait arbitrairement arrêter dans les Tournants Rovigo.

Le journal du traître Gérente a été jusqu'à me reprocher d'être allé me reposer ailleurs que chez moi, et il ajoutait : « nous savons où va l'argent des souscriptions ! »

Il me semble que j'ai le droit d'aller où bon me semble, comme un vulgaire Laurens ; je me trouvais dans les Tournants Rovigo comme j'aurais pu me trouver ailleurs. Ma jeunesse ne me permet pas de vivre comme un moine fidèle à ses vœux. Mes satisfactions ne causent nulle peine à personne, et n'ayant pas de domicile conjugal je ne puis en respecter aucun. Ces sortes d'accusations touchant la vie privée sont familières à l'organe des mouchards.

Pourtant Laurens ne devrait jamais parler de souscriptions ! a-t-il oublié celle de la rue d'Isly ? Le *Télégramme*, mouchard, a naturellement manifesté sa joie de mon arrestation. Si je pouvais faire à cet organe l'honneur de le considérer comme confrère, je m'indignerais de ses honteux procédés.

Après mon arrestation, on me conduisit à la Préfecture où l'on me fit comparaître devant un homme très laid, au teint cuivré, à l'œil crevé, au dos voûté, Ses bras démesurément longs étaient chargés, à leur bout, d'une main qui s'étalait lourdement, large, sale et velue.

Cet individu ressemblait à ces statues de cire qui, dans les musées, nous sont représentés comme les facies authentiques des grands criminels. C'était Lutaud.

Si ce personnage n'avait pas été décoré de la Légion d'Honneur, je me serais cru forcé de lui sauter à la gorge pour préserver mon existence.

Je vis avec surprise que le mandat d'amener décerné contre moi, n'avait pas été signé de la main du Préfet. Pourtant on y prétendait agir d'après un ordre préfectoral. Ainsi Lutaud signa, devant moi, ce mandat d'arrestation tout péparé. J'en conclus que le Gouverneur n'avait pas pris la peine de consulter Lutaud au sujet de mon arrestation qui était d'ailleurs décidée le huit avril, avant que je ne prenne la parole au meeting du Vélodrome. Pour de simples citoyens, cela s'appelle un faux que la loi poursuit, pour nos gouvernants cela n'a rien de malhonnête et la loi applaudit.

De son œil valide qu'il cherchait vainement à rendre stupidement ironique, Lutaud jetait de vagues regards autour de moi. Je m'efforçai de lui faire comprendre tout l'odieux de mon arrestation, mais je m'aperçus bien vite que le cerveau de cette brute était aussi gravement atteint que la cavité oculaire dans laquelle la Faculté avait cru devoir incarcérer un morceau de porcelaine. Devant un parti pris manifesté avec autant d'évidence, je n'avais plus qu'à remercier ironiquement ce misérable laquais dreyfusard lorsqu'il m'annonça que mon arrestation était décidée. Et, la tête haute, l'âme fière, escorté de plusieurs policiers, je sortis de cette chambre qui servait de gite à la plus répugnante créature de notre monde politique moderne.

Dans la rue, un assez grand nombre d'hommes, de femmes et d'enfants, prévenus de ma *comparution* (?) à la Préfecture, atendaient ma sortie avec anxitété. Lorsqu'ils me virent en voiture, flanqué de plusieurs gardiens, ils comprirent, que j'étais arrêté et poussèrent des cris d'indignation contre le Préfet et le Gouverneur. Lutaud, pâle, derrière une fenêtre assistait à ce spectacle. Peut-être songeait-il à l'histoire de la duchesse de Lamballe dont la tête au, bout d'une pique, traversait jadis les rues de Paris, portée par des citoyens exaspérés. La duchesse de Lamballe n'était certes pas dans ma voiture de prisonnier. Mais en tout cas, si Lutaud ne songeait pas à cet épisode, il ferait bien d'y penser.........

CHAPITRE V

Sidi-Ferruch — Manifestation féminine

Le cocher avait rabattu la capote de son fiacre afin que je ne sois pas reconnu en cours de route. Après trois heures de voyages pénibles pendant lesquelles aucune parole ne fut échangée, j'arrivai à Sidi-Ferruch.

A l'extrémité du village, un fort s'offre tout d'abord à l'œil du voyageur. Imprudemment découvert, exposé de tous côtés aux feux de l'ennemi, son importance stratégique semble nulle. Pourtant, combien de milliers et de milliers de francs ont été dépensés pour élever les épaisses murailles qui l'entourent! La seule curiosité qu'il présente, c'est sa porte d'entrée, admirablement sculptée, derrière laquelle se trouvent, en revanche, des murs tombant en ruine.

Nous frappâmes à une porte massive près de laquelle se trouvent les « appareils élévateurs » d'un pont-levis. Nous pénétrâmes ensuite dans une grande cour où un gardien de batterie nous demanda le but de notre visite. Ce brave militaire, étonné d'apprendre que je devais être son prisonnier, exigea un ordre de ses chefs hiérarchiques, disant avec raison qu'il n'avait pas qualité pour me conserver dans un fort où nul ne doit pénétrer.

Le Gouvernement avait tellement précipité mon incarcération, que personne n'avait été prévenu. Jamais il n'avait été question, en effet, de transformer le fort militaire de Sidi-Ferruch en prison civile. Je vis donc le moment où l'honnêteté de ce brave gardien allait me forcer à rentrer à Alger et me permettre de déjouer le crapulisme des Lutaud et des Laferrière. Ces derniers mentaient donc, lorsqu'ils faisaient annoncer, dans les journaux du lendemain, que Sidi-Ferruch était depuis longtemps préparé pour la réception des prisonniers civils.

Il fut impossible de trouver immédiatement une cellule où l'on puisse m'enfermer. Enfin on découvrit une chambre nouvellement blanchie dans laquelle on installa un lit de camp et apporta un pot à eau. On en conviendra, le mobilier était plus que maigre.

La porte de ma cellule improvisée se referma sur moi à double tour.

Seul, dans ma nouvelle prison, je cherchai à me rendre compte de l'endroit où je me trouvais.

Une fenêtre que j'ouvris me fit apercevoir de nombreuses jeunes filles et jeunes femmes, accompagnées de colons du village qui, prévenus de mon arrivée, avaient tenu à m'encourager de sympathiques vivats.

Une vieille femme, que je remarquai dans un groupe, se mit à pleurer en m'appelant : « pauvre enfant ! ».

Un colon — j'ai su depuis qu'il s'appelait M. Lambert — m'exhorta à avoir confiance dans ma destinée.

« Vaillants et braves amis, leur criai-je très ému, ne craignez rien pour moi. Je serai libre un jour et viendrai vous remercier ! »

Des soldats qui venaient d'Alger dispersèrent ces amis dont l'*illégale* visite m'avait profondément touché et qui agitèrent leurs mouchoirs, pour me dire *au revoir*. Quand les bastilles juives algériennes seront enfin abattues, ce qui ne tardera pas, j'irai remercier ces braves cœurs.

Immédiatement les issues de ma chambre furent gardées par des factionnaires qui veillaient sans cesse.

Et la nuit, j'entendais toujours le même cri résonner, lugubre dans le silence de cette citadelle inhabitée : « Sentinelles, prenez garde à vous ! ».

Ah oui ! sentinelles, prenez garde à vous ! *L'ennemi* est celui qui, depuis quatre années, souille votre drapeau. *Ce n'est pas* celui que vous gardez ! Celui-là défend l'honneur de cette France que vous servez ; il combat les quelques traîtres que les dreyfusards protègent et que le Pays a accueillis trop généreusement sous les plis protecteurs du Drapeau national.

Veillez bien, sentinelles ! Le prisonnier pourrait s'échapper. Que le Peuple le délivre ou que les ignobles fonctionnaires qui « opèrent » encore, le fassent disparaître ! Dans les deux cas l'Idée sera vengée !

CHAPITRE VI

Ma prison — Reflexions — La famille du Gardien de batterie.

. . . .

Ma chambre s'emplissait, petit à petit, d'ombres gigantesques que la lune faisait se profiler jusque sur les créneaux du fort. . . . .

Un silence triste pesait sur ma prison. . . . .

Je ne sais pourquoi le chagrin me saisit alors et me fit verser des larmes.

Je réprimai vite ce mouvement de découragement. En vain je m'efforçai de chanter ! Les chansons d'amour dont j'avais bercé mes rêves d'adolescent me semblaient des marches funèbres ! Mes chants de liberté me paraissaient ironiques !

Accablé par le chagrin, je m'assis sur le lit de camp et, au milieu des ombres fantastiques, je me pris à songer. . . . .

Je songeai à ma famille, à ma mère surtout dont j'appréhendais la peine. Je pensai à mes amis dévoués, à la vaillante population de femmes, d'hommes et d'enfants, mes seuls aides dans ma lutte contre un Gouvernement puissant et redoutable.

Je fis l'examen de ma conscience et je fus heureux de n'avoir rien à me reprocher.

Mes yeux tombèrent sur mes menottes et je me rappelai, encore une fois, les femmes courageuses qui me les avaient offertes.

Cet emblème de la servitude était pour elles le symbole de la délivrance ! Chaque maillon d'or était peut-être fait des économies de toute une famille. J'étais fier de porter ces menottes. Il me semblait alors qu'avec moi étaient toutes celles qui me les avaient données.

Je me sentis moins seul.... Mon esprit se calma et le sommeil arriva enfin, paisible et réconfortant.

. . . .
. . . .

Le matin, je fus réveillé par les soldats qui puisaient de l'eau pour leurs chevaux. L'humidité de la chambre m'avait fortement enroué.

Je n'en poussai pas moins le cri de : A bas les juifs ! A bas Laferrière !

. . . .

Quelques rares oiseaux gazouillaient au soleil levant ! L'herbe des fortifications était empreinte de rosée. Lentement, le ciel bleuissait, pendant qu'à l'horizon le soleil laissait apercevoir les cimes des collines qui se dessinaient dans la brume matinale.

Après avoir fait ma toilette, je frappai à la porte pour appeler le gardien, qui me conduisit sur les talus du fort et m'annonça que ce serait désormais le lieu de mes promenades.

De là, je dominais le village entier, ainsi que la mer. En bas, les vagues battaient les murs de ma prison. Une brise bien fraiche dissipa mes noires pensées. Et le chant joyeux d'une jeune fille allant au travail me rendit heureux....

J'inspectai l'horizon tout en marchant. Au pied du fort, quelques pêcheurs accroupis raccommodaient des filets dont les mailles brillaient au soleil. En face, quelques maisons de colons, aux tuiles rouges. Au milieu d'elles, une demeure plus luxueuse appartenant, m'a-t-on dit, à un avocat d'Alger. A ma gauche, la Douane, sur laquelle flotte gaiement le drapeau tricolore. De ci, de là, quelques maisonnettes enfouies sous la verdure.

Dans le lointain, s'étendaient, harmonieuses, de nombreuses collines, sur les flancs desquelles s'étageaient de coquets petits villages.

Du haut du talus, j'ai eu l'occasion de voir la famille du gardien de batterie — mon gardien. C'était d'abord une jeune et ravissante femme, mère de mignons enfants dont les ébats, seuls, jetaient un peu de joie dans cette forteresse à l'aspect morne et dont les murs tombaient en ruine.

Le gardien, un vaillant soldat retraité avec le grade d'adjudant — portait une décoration que je n'ai jamais vue sur la poitrine d'un juif : la médaille militaire.

Cette famille dont j'épiais, par désœuvrement, les allées et venues et les éclats de rire, était ma seule distraction. Les enfants le savaient bien, et d'aussi loin qu'ils m'apercevaient je voyais leur gentil visage s'éclairer d'un doux sourire. La plus petite que, familièrement, j'entendais appeler « Lolotte » me jetta un jour une fleur que sa mère lui avait remise.

Fleur de la prison, vous serez celle du souvenir ! Et vous qui me l'avez donnée, je ne vous oublierai jamais !

. . . .

Je reçus un jour la visite de mon ami Gallois qui m'avait assisté dans mon interrogatoire devant le juge d'instruction. J'appris, par lui, que Madame et Monsieur Castarède avaient fait aussi ce pénible voyage pour venir me voir. Mais la sentinelle avait refusé de les laisser pénétrer dans l'enceinte du fort.

Braves amis, recevez les remerciements d'un prisonnier qui se rappellera toujours que son malheur fut pour vous une cause de dévouement. Dites bien, à ceux qui comme vous auraient désiré me tendre des mains que j'aurais serrées avec effusion, que je leur sais gré de la sollicitude forcément platonique qu'ils ont eue pour moi. Cela me console de toutes les traîtrises.

M. Bégey, huissier du Parquet, et son principal clerc sont venus me visiter au nom de la Loi. Je les ai reçus comme des amis, car je sais reconnaître la courtoisie, fut-elle cachée sous l'enveloppe inévitablement rude d'un officier ministériel.

Un restaurateur qui se trouve en face, me porte, deux fois par jour, une excellente nourriture à laquelle je touche à peine, tant j'ai peu d'appétit.

La seule personne à qui je cause est mon gardien dont la correction à mon égard me permet de supporter philosophiquement mon incarcération.

. . . .

Avec la nuit revient ma tristesse ! . . . .
J'ai beau tenter de m'habituer aux ombres qui, chaque soir, noircis-

sent les murs blanchis, j'ai quand même le cœur serré, dès que je me sens seul.

L'idée, pourtant, que si je souffre c'est pour une Cause noble entre toutes, me donnera assez de forces pour surmonter cette nouvelle épreuve.

Je ne veux pas que mes adversaires rient de mes souffrances, et, je le jure, ils n'en verront aucune trace.

Je songe que j'ai vingt-cinq ans et qu'à cet âge on peut espérer !..

Aussi j'espère que ma peine finira et que mes lâches ennemis subiront, par contre, les impitoyables résultats de nos victoires.

POUR MAX RÉGIS :

Louis GARDAIS.

Après...

Au moment où Max Régis continuait de noter les impressions dont on a pu lire la reproduction aussi fidèle que possible, des gendarmes et des policiers venaient l'extraire de la forteresse de Sidi-Ferruch pour le conduire à la prison militaire d'Alger et ensuite au Palais de Justice où des juges ont cru devoir prononcer une inique condamnation après avoir fait subir à leur conscience un semblant d'interrogatoire.

Brutalisé par des policiers et des gendarmes commandés, chargés d'accomplir une mission aussi odieuse que spéciale, Max a été dirigé sur Barberousse et, de là, reconduit nuitamment sur Sidi-Ferruch.

A cette occasion le Peuple a acclamé une fois de plus celui qui incarne son Idée.

Nous savons tout ce que notre vaillant ami a souffert en ces circonstances. Mais notre plume est impuissante à traduire ces nouvelles impressions.

Nous savons aussi qu'une caravane composée de plusieurs milliers d'amis dévoués, s'est rendue dimanche à Sidi-Ferruch pour exprimer à Max, au nom du Peuple algérois, ses vibrantes sympathies.

A tous, merci ! Merci au nom du cher prisonnier, qui à cette heure, dans son cachot, pense à ceux qui ont partagé, partagent et sont décidés à partager encore les responsabilités de la lutte à outrance que les exactions des Laferrière et des Lutaud ont rendue obligatoire.

Ces rages auront donc forcément une suite !

Vive la République ! Vive l'Algérie !! En avant !

A bas les Juifs et les Judaïsants !!

Par conséquent : A bas Laferrière et Lutaud !

Louis GARDAIS.

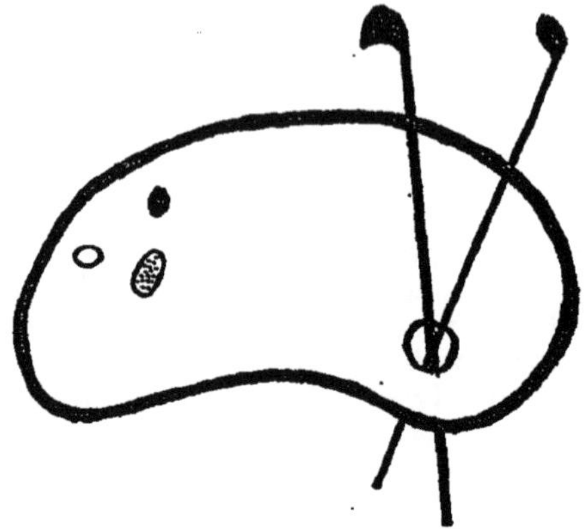

ORIGINAL EN COULEUR
NF Z 43-120-8